NATIONAL
GEOGRAPHIC

School Publishing

Donde vive la gente

Scott White

PICTURE CREDITS

Cover, 5 (above), 15 (above), Lonely Planet Images; 1, 2, 4 (above), 5 (below), 7 (right), 8, 9 (below), 10, 11 (all), 13 (right), 14 (above left, above right & below right), Photolibrary.com; 4 (below), 12, 13 (left), 14 (below left), 15 (center left), APL/Corbis; 6, Jeff Greenberg/PhotoEdit, Inc.; 7 (left), 9 (above right), 15 (center right & below), Getty Images.

Produced through the worldwide resources of the National Geographic Society, John M. Fahey, Jr., President and Chief Executive Officer; Gilbert M. Grosvenor, Chairman of the Board.

PREPARED BY NATIONAL GEOGRAPHIC SCHOOL PUBLISHING

Ericka Markman, Senior Vice President and President Children's Books and Education Publishing Group; Steve Mico, Senior Vice President and Publisher; Marianne Hiland, Editorial Director; Lynnette Brent, Executive Editor; Michael Murphy and Barbara Wood, Senior Editors; Bea Jackson, Design Director; David Dumo, Art Director; Margaret Sidlowsky, Illustrations Director; Matt Wascavage, Manager of Publishing Services; Sean Philpotts, Production Manager.

SPANISH LANGUAGE VERSION PREPARED BY
NATIONAL GEOGRAPHIC SCHOOL PUBLISHING GROUP

Sheron Long, CEO; Sam Gesumaria, President; Fran Downey, Vice President and Publisher; Margaret Sidlosky, Director of Design and Illustrations; Paul Osborn, Senior Editor; Sean Philpotts, Project Manager; Lisa Pergolizzi, Production Manager.

MANUFACTURING AND QUALITY MANAGEMENT

Christopher A. Liedel, Chief Financial Officer; George Bounelis, Vice President; Clifton M. Brown III, Director.

BOOK DEVELOPMENT

Ibis for Kids Australia Pty Limited.

SPANISH LANGUAGE TRANSLATION

Tatiana Acosta/Guillermo Gutiérrez

SPANISH LANGUAGE BOOK DEVELOPMENT

Navta Associates, Inc.

Published by the National Geographic Society
Washington, D.C. 20036-4688

ISBN: 978-0-7362-3849-6

Printed in Canada

12 11 10 09 08

10 9 8 7 6 5 4 3 2 1

Contenido

un lugar frío

un lugar caluroso

Las personas viven en muchos lugares diferentes. Hablen sobre estos lugares.

un lugar húmedo

un lugar seco

Vivir en lugares calurosos

Algunas personas viven en lugares calurosos. ¿Qué hacen para vivir en esos lugares?

En los lugares calurosos, la gente se pone a la sombra.

La gente usa ventiladores para refrescarse.

La ropa de esta mujer la ayuda a protegerse del sol ardiente.

Vivir en lugares fríos

Algunas personas viven en lugares fríos. ¿Qué hacen para vivir en esos lugares?

La ropa abrigada ayuda a estos niños a no pasar frío.

En esta casa, la chimenea ayuda a que la gente no pase frío.

Este quitanieves limpia la carretera.

Vivir en lugares húmedos

Algunas personas viven en lugares húmedos. ¿Qué hacen para vivir en esos lugares?

Algunas personas construyen casas sobre pilotes.

A veces, la gente usa paraguas para no mojarse.

Algunas personas montan sus tiendas en botes.

Vivir en lugares secos

Algunas personas viven en lugares secos.
¿Qué hacen para vivir en esos lugares?

La gente usa este tanque para recoger el agua de lluvia.

La gente saca agua de este pozo subterráneo.

Esta tubería trae agua
desde muy lejos.

agua

caluroso

casa

frío

húmedo

lugar

refrescarse

seco

vivir

Índice